# Ça commence bien !

W0229524

Krystelle Jambon

# Ça commence bien !

Ernst Klett Sprachen
Stuttgart

**Bildquellennachweis**
**32, 35** Fotolia (pingebat), New York; **40** Fotolia (Jérôme Rommé), New York

1. Auflage     1  ¹⁰ ⁹ ⁸ ⁷ ⁶ | 2026  25  24  23  22

Redaktion: Edith Michaelsen
Layoutkonzeption: Andreas Drabarek
Gestaltung und Satz: Satzkasten, Stuttgart
Umschlaggestaltung: Andreas Drabarek
Titelbild und Illustrationen: Matthias Pflügner, Berlin
Druck und Bindung: Salzland Druck, Staßfurt

Printed in Germany

Tonregie und Schnitt: Workshop Medien-Service GmbH, Stuttgart.
Sprecher: Frédéric Auvrai, Clémentine Bied-Charreton, Julie Chauvet, Margaux Chauvet, Thibault Chauvet, Gilles Floret, Léo Guillier, Anne-Sophie Guirlet-Klotz, Edith Michaelsen, Régis Titeca, Stefan Zörlein

ISBN 978-3-12-591000-3

# Table des matières

Zu diesem Buch gibt es eine Hörfassung, die mit der Klett-Augmented-App geladen und abgespielt werden kann.

Klett-Augmented-App kostenlos downloaden und öffnen

Bilderkennung starten und **diese Seite** scannen

Medien laden, direkt nutzen oder speichern

# Vorwort

## Liebe Schülerinnen und Schüler!

Lesen sollte zuallererst Spaß machen. Eine spannende Geschichte kommt aber nicht ohne einige Vokabeln aus, die ihr nach einem Jahr Französisch noch nicht kennt. Diese werden jeweils am Seitenende erläutert.

Wenn sich Jugendliche (aber auch Erwachsene) im Alltag unterhalten, benutzen sie vorzugsweise das „français familier", das umgangssprachliche Französisch. Das hat folgende Merkmale:
- Bei Verneinungen fällt oft das ne weg: c'est pas toujours comme ça statt ce n'est pas toujours comme ça
- Bei Fragen wird die Intonationsfrage bevorzugt, in welcher die Reihenfolge der Wörter die gleiche bleibt, wie in einem Aussagesatz: On peut aussi faire des crêpes ?

Das Hörspiel 🎧 zur Lektüre steht euch zum Herunterladen auf euren Smartphones oder Tablets zur Verfügung: Ladet bitte dafür vorab die Klett-Augmented-App kostenlos im App Store oder auf Google Play herunter (s. S. 5).

Und nun viel Spaß beim Lesen und Zuhören!

# Les personnages principaux

Quatre élèves de 5ᵉB du collège Claude Nougaro à Toulouse.

Lily

Violette

Mattéo

Jamil

# Scène 1

## C'est la rentrée !

*Mardi 5 septembre, à 9 heures, dans la salle de SVT du collège Claude Nougaro.*

M. BERTRAND : Bonjour et bienvenue en 5eB ! Cette année, je vais être votre professeur principal. Pour les nouveaux élèves, je me présente, je suis monsieur Bertrand,

votre professeur de SVT, Sciences de la Vie et de la Terre. Ensemble, on va faire des expériences dans le laboratoire, on

va apprendre comment le corps
fonctionne… Oui, Jamil ?

JAMIL : M'sieur, on va faire du ski cette année ?

M. BERTRAND : Oui, le collège organise une semaine de
ski à Saint-Lary-Soulan, dans les
Pyrénées.

DES ÉLÈVES : Cool ! C'est cool !

M. BERTRAND : Vous avez de la chance. Et moi aussi.
Mais vous allez financer un peu cette
semaine de ski. Alors, est-ce que vous
avez des idées ?

JAMIL : M'sieur, on pourrait vendre des trucs à la
récré ?

MATTÉO : Ouais, des gâteaux par exemple.

M. BERTRAND : Oui, Jamil et Mattéo, c'est une bonne
idée.

VIOLETTE : M'sieur, on peut aussi faire des crêpes ?

---

1 **le corps** Körper | 12 **on pourrait** wir könnten | 12 **vendre**
verkaufen

M. BERTRAND :  Oui, Violette, excellente idée ! Bon, je vais parler de ça à la CPE. Maintenant, je fais l'appel. Mattéo Alonso ?

> *Présent.*

> *Jamil Atoumi ?*

> *Présent.*

> *Violette Bourgeois ?*

> *Présente.*

> *Anatole Briard ?*

> *Présent.*

> *Lily Leutheusser… Oh, c'est difficile. Comment est-ce que ça se prononce ?*

LILY :  Leutheusser.

M. BERTRAND :  Tu es nouvelle au collège, c'est ça ? Tu es d'où, Lily ?

---

2 **le/la CPE** le conseiller/la conseillère principal/e d'éducation
Beauftragte/r für Verwaltungs- und Disziplinarfragen an französischen
Schulen

LILY :  Je suis de Hambourg. Ma famille et moi, nous sommes ici pour trois ans.

M. BERTRAND :  Tu parles très bien français, dis donc !

LILY :  Merci, ma mère est française, mais mon père est allemand.

M. BERTRAND :  Eh bien… Bienvenue à Toulouse, Lily ! Je continue l'appel… Jade Mazo ?

*Présente.*

---

3 **dis donc** *fam* sag mal

# Scène 2

## Une amitié commence.

*Mardi 5 septembre, à 12 h 45, dans la cantine du collège.*

VIOLETTE :   Pardon, c'est libre ?

LILY :   Oui, oui…

VIOLETTE :   Ça va ? Pas trop difficile, ce premier jour ?

LILY :   Ça va.

---

VIOLETTE :    Comment est-ce que tu trouves notre
              classe ?

LILY :        Sympa, mais vous parlez vite ! Moi,
              d'habitude, je parle français juste avec
              ma mère, pas avec des jeunes ! Alors,
              c'est difficile pour moi.

VIOLETTE :    T'inquiète ! Ça va aller, tu vas voir ! C'est
              très différent en Allemagne ?

LILY :        Ben oui, par exemple, ici vous avez une
              super cantine. Dans mon Gymnasium, il
              y a juste une cafétéria avec des
              sandwichs.

VIOLETTE :    Sérieux ? T'as de la chance aujourd'hui,
              c'est steak-frites mais c'est pas toujours
              comme ça. Alors, si tu aimes les brocolis,
              tu vas adorer notre cantine !

LILY :        J'ai une question… euh, comment tu
              t'appelles, déjà ?

VIOLETTE :    Violette, comme la fleur, mes parents
              adorent la nature !

---

7 **T'inquiète !** *fam* **Ne t'inquiète pas !** Keine Sorgen! | 13 **Serieux ?**
*fam* Wirklich?

LILY :
Ah ! Euh, Violette, vous avez beaucoup de tests ?

VIOLETTE :
Des tests ? Tu veux dire des « interros » ? Oui, beaucoup, mais nos profs sont plutôt sympas. Écoute, quand tu as un problème, tu me demandes. Je te donne mon zéro-six, d'accord ?

LILY :
Ton quoi ?

VIOLETTE :
Mon numéro de portable. 06.17.89.75.23 « Violette » avec deux « t ».

LILY :
J'ai une autre question… Ce matin, à l'entrée du collège, un monsieur a contrôlé les élèves.

VIOLETTE :
Oui, c'est Benjamin, le pion, le surveillant, quoi ! Il surveille aussi les heures de perm.

LILY :
Les heures de quoi ?

VIOLETTE :
De permanence. Quand un prof n'est pas là, on va en salle de permanence. C'est la salle 305.

---

5 **plutôt** eher | 15 **un pion/une pionne** *fam* Aufsichtsperson | 16 **un/e surveillant/e** Aufsichtsperson

LILY :             Ah, d'accord.

*Elles mangent un peu.*

VIOLETTE :      Benjamin, le pion, fait aussi l'atelier
                journalisme. Allez, cet après-midi, tu
                visites le collège avec moi, d'accord ?

LILY :             OK, merci Violette !

# Scène 3

## L'atelier journalisme

*Mardi 5 septembre, après la cantine.*

VIOLETTE :    Ici, c'est la salle d'informatique. Tiens, il y a Jamil et Mattéo.

JAMIL :    Salut, Violette ! Alors, bientôt déléguée de la classe ? Moi, je vote pour toi, c'est sûr. Tu es Lily, c'est ça ? Moi, c'est Jamil.

MATTÉO :    Et moi, c'est Mattéo.

LILY :    Salut ! Qu'est-ce que vous faites ?

MATTÉO :    On fait le journal de l'école, « Caméléon ». Ici, le mardi après-midi, il y a l'atelier journalisme. Moi, je fais des dessins et des caricatures. Jamil écrit des articles. Enzo prend des photos. Tiens, quand on parle du loup… le voilà. Salut, Enzo !

---

1 **une scène** Szene | 6 **un/une délégué/e de (la) classe** Klassensprecher(in) | 7 **voter pour qn** für jdn wählen | 16 **quand on parle du loup**… Wenn man vom Teufel spricht…

*À ce moment, un garçon entre. Il porte une casquette*
*noire, un t-shirt noir, un jean noir, des chaussures noires.*
*Il fait juste un petit sourire aux autres.*

VIOLETTE :      Salut, Enzo ! Aaaatchoum !!! Oh, zut !
                À chaque fois, c'est la même
                chose quand il y a Enzo.

ENZO :          Salut, tout le monde.

JAMIL :        Lily, je t'explique, Enzo a des chats à la
                maison et Violette est allergique.

LILY :          Ah, d'accord… Le journalisme, ça
                m'intéresse, il y a de la place pour moi ?

MATTÉO :      Oui ! Demande à Benjamin !

---

3 **juste** *ici :* nur, lediglich | 3 **un sourire** Lächeln

VIOLETTE :      Moi je ne peux pas, avec les chats
                d'Enzo, laisse tomber ! Aaatchoum !

MATTÉO :        Les copains, on fait des muffins chez moi
                la semaine prochaine ?

LILY :          Oh, oui, d'accord ! Où est-ce que tu
                habites ? Attends, je te donne mon
                numéro, euh, mon zéro-six…

2 **laisse tomber !** *fam* vergiss es!

# Scène 4

## On prépare des gâteaux.

*Mardi 12 septembre, après les cours.*

Les copains, vous êtes super sympas avec moi. Alors, j'ai des petits cadeaux pour vous.

Cool ! J'adore le vert !

De rien. Allez, on fait les muffins ?

Merci, Lily.

C'est super sympa, merci Lily.

Oh, regardez la photo !

C'est Benjamin ?

Trop marrant !

Benjamin ne va pas aimer ça !

Je like !

trop bons!

# Scène 5

## La photo

*Mercredi 13 septembre, à 8 h 15, devant le bureau de la CPE.*

JAMIL : Cool, la journée commence bien. La prof d'EPS n'est pas là.

VIOLETTE : On va en perm ou au CDI ?

LILY : CDI, SVT, CPE, EPS, c'est beau le français !

VIOLETTE : Tu as raison, Lily, c'est trop beau, le français ! Allez, on va en perm !

*Les élèves entrent dans la salle de permanence.*

JAMIL : Oh-oh !

LILY : Il y a un problème ?

JAMIL : C'est Benjamin qui surveille.

LILY : Est-ce qu'il a vu la photo ?

JAMIL : Je ne sais pas mais bon, ça va, on peut rigoler ! J'ai une idée : on va au fond de la salle pour discuter et regarder la photo.

BENJAMIN : Chut ! Ici, on travaille.

MATTEO : Jamil, tu as vu……

BENJAMIN : Silence ! Faites vos devoirs, s'il vous plaît. Vous avez des devoirs pour demain, non ?…

Jamil, Violette et Lily éclatent de rire.

BENJAMIN : Le petit groupe, là, au fond de la salle, vous rangez vos portables… et vous arrêtez de rigoler.

*Mais les quatre copains continuent de rigoler. Benjamin arrive.*

BENJAMIN : Bon, qu'est-ce que vous faites ? Pourquoi est-ce que vous rigolez ? Jamil, montre…

*Benjamin regarde la photo sur le portable de Jamil.*

2 **rigoler** lachen | 2 **au fond de qc** im hinteren Teil von etw |
10 **éclater de rire** auflachen

BENJAMIN :      Ah d'accord, et vous trouvez ça drôle ?
Moi, non ! Et bien sûr, tout le monde a
la photo sur son portable… C'est
vraiment pas cool…

# Scène 6

## Trop bons !

*Mercredi 13 septembre, pendant la récréation. Violette,*
*Lily, Mattéo et Jamil vendent leurs muffins.*

# Scène 7

## Où est l'argent du ski ?

*Mercredi 13 septembre, après la récré.*

JAMIL : C'est ouf ! On a vendu les quarante-huit muffins !!!

MATTÉO : Quarante-huit fois un euro cinquante, Violette ?

VIOLETTE : Soixante-douze euros.

LILY : Le prof de SVT va être super content !

*Les quatre copains arrivent en classe de SVT et donnent la caisse à M. Bertrand.*

VIOLETTE : On a soixante-douze euros.

M. BERTRAND : Très bien. Bon, prenez une feuille. Interrogation surprise !

MATTÉO : Oh, non ! Je n'ai rien révisé !

LILY : Aïe ! Ça commence bien !

---

4 **ouf** *fam* = **fou/folle** verrückt | 11 **une caisse** Kasse | 15 **réviser** *ici :* (Schulstoff) wiederholen

*Pendant l'interrogation, monsieur Bertrand compte l'argent des muffins. Après, il est rouge comme une tomate.*

M. BERTRAND :   Violette. Soixante-douze moins trente-deux, ça fait combien ?

VIOLETTE :   Ça fait quarante monsieur.

M. BERTRAND :   Oui, c'est bien ça, il manque quarante euros dans la caisse. Quarante Écoutez : c'est VOTRE classe de neige, c'est VOTRE responsabilité, c'est VOTRE problème ! Alors, lundi, les quarante euros sont dans mon casier, OK ?

*Silence dans la classe. Les élèves sont très surpris. Après le cours, Lily et ses copains vont dans la cour.*

JAMIL :   C'est la cata !

VIOLETTE :   Je ne comprends rien. Je n'ai pas fait une erreur de quarante euros !!!

JAMIL :   Quelqu'un a volé l'argent !

LILY :   Mais qui ? Un élève ? Oh, regardez, Benjamin emmène Enzo.

---

7 **il manque** es fehlt | 10 **une responsabilité** Verantwortung |
12 **un casier** Fach | 15 **C'est la cata !** *fam* C'est la catastrophe ! |
18 **voler qc** etw stehlen | 20 **emmener qn** jdn mitnehmen

| | |
|---|---|
| VIOLETTE : | Ah, oui, j'ai oublié de vous dire : c'est Enzo qui a fait le photomontage. |
| MATTÉO : | Ah, bon ? |
| VIOLETTE : | Oui, il va avoir un avertissement de la CPE et il va être exclu de l'atelier journalisme. |
| MATTÉO : | Mais comment est-ce que tu sais ça ? |
| VIOLETTE : | Tout à l'heure, aux toilettes, une fille de 4e l'a raconté à sa copine. |
| JAMIL : | C'est peut-être Enzo le voleur ? |
| MATTÉO : | Mais faire un photomontage, ce n'est pas du vol ! |
| VIOLETTE : | Oui, mais Enzo est mystérieux, non ? Et il était à côté de la caisse pendant la vente des muffins ! |
| LILY : | On fait une enquête ? |
| VIOLETTE : | OK, je vais suivre Enzo après les cours. |

---

4 **un avertissement** Mahnung | 5 **il va être exclu de qc** er wird von etw ausgeschlossen | 13 **il était** (Vergangenheitsform des Verbs *être*) *er war* | 16 **une enquête** Ermittlung | 17 **suivre qn** jdm folgen

LILY :        D'accord.

JAMIL :       OK.

MATTEO :      Hmm, OK.

# Scène 8

## En mission

*Mercredi 13 septembre, 16 h 30. Après les cours, le portable de Lily sonne.*

VIOLETTE :    Allô, Lily ?

LILY :    Oui. Où est-ce que tu es ?

VIOLETTE :    Je suis devant le collège. Enzo est là, à dix mètres.

LILY :    Comment est-ce qu'il est ?

VIOLETTE :    Il a l'air très triste. Il regarde ses pieds.

LILY :    Ses parents vont être en colère.
Qu'est-ce qu'il fait maintenant ?

VIOLETTE :    Il marche dans la rue du Caillou gris. Ah, maintenant, il tourne à droite dans la rue Alfred de Musset.

LILY :    Fais bien attention !

---

4 **sonner** klingeln | 10 **avoir l'air** *m* aussehen | 11 **être en colère** böse sein | 13 **un caillou (-x)** Kieselstein | 13 **gris, -e** grau

VIOLETTE :    Oui, oui, je sais… Ah, maintenant, il
              traverse la rue… Il tourne à gauche dans
              la rue Alphonse Daudet…

LILY :        Alfred de Musset, Alphonse Daudet, ce
              sont des noms rigolos.

VIOLETTE :    Ce sont des écrivains ! Ma grand-mère
              adore Musset. "Ah Musset, les poèmes
              de Musset, ma chérie, ce romantisme."

LILY :        Chut, Violette ! Enzo va te remarquer !
              Qu'est-ce qu'il fait ?

VIOLETTE :    Il tourne à gauche… Euh… On arrive
              dans la rue de la Tour… Zut, il regarde
              derrière lui… Il entre dans l'immeuble…
              Ben, il habite ici, je pense.

LILY :        Bon, Sherlock Holmes… Demain, c'est
              moi qui joue la détective !

---

2 **traverser** überqueren | 6 **un écrivain/une femme écrivain**
Schrifsteller(in) | 9 **remarquer** bemerken | 14 **penser** denken

# Scène 9

## Sur les réseaux sociaux

*Mercredi 13 septembre, sur les réseaux sociaux du groupe de la 5ᵉB.*

nina17
Ki a pris le fric du ski ?

Anatole
La CPE ?

Foued
MDR Benjamin ? À cause de la photo…

Lily
Un élève ? Mais ki ?

Anatole
Jamil ? Pour écrire 1 article ds Caméléon ?

Jamil
T ouf ou quoi ?

Anatole
jdcjdr

Misspeste
Violette ? L a compté l'argent de la caisse…

Léa
Ou Lily ? Elle é bizarre, 7 fille, non ?
Parle pas bcp, la nouvelle…

---

6 **le fric** *fam* l'argent | 10 **MDR** *fam* = **mort de rire** ich lach mich tot |
19 **jdcjdr** = **je dis ça, je dis rien** ist ja nur (m)eine Meinung

# Scène 10

## La catastrophe !

*Jeudi 14 septembre, au collège. Aujourd'hui, dans la classe de 5ᵉB, l'ambiance est bizarre. À la fin des cours, la détective Lily continue son enquête sur Enzo.*

| | |
|---|---|
| LILY : | Allô, Violette ? Je suis derrière Enzo. |
| VIOLETTE : | Fais attention ! |
| LILY : | Il ne rentre pas chez lui aujourd'hui. Il va en ville, je pense. |
| VIOLETTE : | Ah, c'est intéressant, ça ! |
| LILY : | On arrive sur la place du Capitole. Enzo est devant un magasin de vêtements de sport. Oh, zut, il entre. |
| VIOLETTE : | Il va peut-être acheter un truc avec les quarante euros ? |
| LILY : | Qu'est-ce que je fais ? J'entre aussi ? |
| VIOLETTE : | Vas-y ! |

---

4  **une ambiance** (dans un groupe) Stimmung

*Lily entre dans le magasin. Enzo est devant le miroir. Il regarde les pantalons de ski.*

UN VENDEUR :    Bonjour, mademoiselle. Vous cherchez quelque chose ?

LILY :    Euh, non, merci. Je regarde seulement.

LE VENDEUR :    Nous avons des super promos sur les sacs à dos…

LILY :    Ah, très bien… mais chut, s'il vous plaît !

LE VENDEUR :    … et aussi sur les pantalons de ski… Là-bas…

*Là-bas, il y a Enzo. Et maintenant, il arrive vers Lily avec un petit sourire ironique.*

ENZO :    Tiens, tiens, Lily, qu'est-ce que tu fais là ?

LILY :    Euh… salut Enzo !

ENZO :    Mais à quoi est-ce que vous jouez ? Hier, j'ai vu Violette dans ma rue, aujourd'hui, c'est toi. C'est bizarre, non ?

---

16 **j'ai vu** → *passé composé de* **voir qc/qn** ich habe gesehen

LILY :               Euh… je vais t'expliquer, Enzo .. c'est
                     parce que…

ENZO :               Oui…

LILY :               C'est parce que … je…

ENZO :               Oui ?

LILY :               C'est parce que… Ben, voilà,… je… je
                     t'aime !!!

ENZO :               Hein ?

*Enzo et Lily sont tout rouges.*

LE VENDEUR :         Oh, excusez-moi, je vous laisse.

*Lily sort vite du magasin.*

LILY :               Oh là, là… Qu'est-ce que j'ai raconté ???
                     C'est la cata !!!

VIOLETTE :           Je suis morte de rire, Lily, tu es géniale !

---

11 **sortir** ausgehen

# Scène 11

## Fausse route

*Vendredi 15 septembre, dans la cour du collège. Enzo va parler aux quatre copains.*

ENZO :          Vous jouez à quoi ?

JAMIL :         On fait une enquête, on cherche les quarante euros du ski.

ENZO :          Je n'ai pas volé les quarante euros.

VIOLETTE :      Ben, quand j'ai compté l'argent, toi, tu as fait des photos et alors j'ai éternué parce que je suis…

ENZO :          Oui, oui, je sais, allergique aux chats. Et alors ?

VIOLETTE :      Alors peut-être que tu as … enfin… hier, avec les quarante euros, tu as acheté quelque chose…

ENZO :          Écoutez, je ne suis pas le voleur. Hier, j'ai acheté un pantalon de ski avec MON argent. J'aide mon père dans son

---

garage, c'est mon argent de poche. Je
ne vole pas, moi !

LILY :       Une minute, Enzo, tu as fait ces photos
de la vente des muffins. Où est-ce
qu'elles sont ? Il y a peut-être des
indices…

ENZO :      Demandez à Benjamin. Moi, je n'ai plus
l'appareil photo !

VIOLETTE :   Atchoum !

# Scène 12

## Sur la bonne piste

*Vendredi 15 septembre, en fin d'après-midi, dans la salle d'informatique.*
*Depuis un quart d'heure, Jamil, Mattéo, Violette et Lily regardent les photos.*

MATTÉO :        C'est nul, il n'y a pas d'indices sur ces photos…

VIOLETTE :      Patience !

JAMIL :         Oui, on va peut-être trouver quelque chose…

LILY :          Regardez, la photo 18 !

MATTÉO :        Elle est floue !

LILY :          Oui, mais… regardez… près de la caisse, avec les billets, ce n'est pas la main de Violette, ça… On zoome ?

---

13 **flou, -e** unscharf | 15 **un billet** *ici :* Geldschein | 16 **zoomer** vergrößern |

JAMIL :　　　　Mais oui, tu as raison, Lily… C'est la
　　　　　　　main du voleur !

VIOLETTE :　　Zoome encore… Mais ce bracelet,
　　　　　　　c'est… ???

*Tout le monde regarde Mattéo.*

MATTÉO :　　　Euh… écoutez, je vais vous expliquer…
　　　　　　　Ma mère n'a pas d'argent pour la classe
　　　　　　　de neige… Je ne vais pas aller en classe
　　　　　　　de neige. Pardon, je suis vraiment
　　　　　　　désolé. J'ai honte. Excusez-moi !

*Jamil, Lily et Violette sont très surpris. Mattéo est pâle.*

MATTÉO :　　　J'ai l'argent à la maison. Je l'apporte
　　　　　　　lundi.

LILY :　　　　　Écoutez, pas de panique, tu vas aller
　　　　　　　avec nous en classe de neige, Mattéo.
　　　　　　　On va trouver une solution. Pour
　　　　　　　monsieur Bertrand et les quarante euros,
　　　　　　　j'ai aussi une idée.

*Lily prend une feuille blanche et un stylo dans son sac à dos.*

---

3　**un bracelet** Armband | 10　**avoir honte** [ ] sich schämen | 11　**pâle** [pɑl] blass

LILY : D'abord, on va écrire une lettre à
M. Bertrand et signer tous les quatre.
Ensuite, vous allez voir…

Cher monsieur Bertrand,

Voici les 40 €. Vous avez
cinq minutes pour nous ?
On aimerait vous parler.

Lily, Violette, Mattéo, Jamil

# **Activités**

# Avant la lecture/l'écoute

1. **Regarde la couverture (*Cover*) et lis le titre du livre.**

a) Qu'est-ce que tu vois ?

b) Qu'est-ce qui se passe ?

c) Fais des hypothèses sur l'histoire.

2. **Informe-toi sur les personnages principaux (p. 7).**

3. **Fais un filet de mots sur le thème « collège ». Aide-toi d'un dictionnaire. (*Nimm ein Wörterbuch zu Hilfe.*)**

# Scène 1 : C'est la rentrée

**1. Lis la scène 1 et coche la bonne réponse.**

a)  La scène se passe
- ☒ le matin.
- ☐ à midi.
- ☐ l'après-midi.

b)  Cette année, la 5$^e$B va faire
- ☐ du foot.
- ☐ du basket.
- ☒ du ski.

c)  Lily est nouvelle au collège.
- ☐ Elle est de Toulouse.
- ☒ Elle est de Hambourg.
- ☐ Elle est de Saint-Lary-Soulan.

d)  Lily a
- ☐ des parents allemands.
- ☒ une mère française et un père allemand.
- ☐ une mère allemande et un père français.

**2. Ferme ton livre et écoute la scène 1.**

a) Wie gefallen dir
   die Stimmen?

b) Hättest du sie dir
   so vorgestellt?

*Tipp:* Konntest du alles verstehen? Nein? Keine Sorge, das ist normal. Beim Hörverstehen **versuche möglichst entspannt zu bleiben** und weiter zuzuhören. Es gibt immer wieder ein paar Wörter, die du erkennen wirst.

**3. Écoute la scène 1 encore une fois et tape doucement *(sanft)* sur la table quand tu entends le mot *collège*.**

## En plus

**La Cité de l'Espace et Airbus.**

a) Qu'est-ce que c'est ? Fais des recherches sur Internet.
b) Aller à la Cité de l'Espace ou visiter Airbus ? Qu'est-ce que tu as envie de faire ? Pourquoi (pas) ? Raconte.

## Scène 2 : Une amitié commence.

**1. Écoute la scène 2 et coche la bonne réponse.**
**Corrige quand c'est faux.**

a) Lily parle français et allemand
avec sa mère.
☐ vrai    ☒ faux

> Tipp: Lies die Aufgaben-
> stellung durch, bevor
> du den Text anhörst. So
> kannst du dir ein Bild
> machen, worum es wohl
> im Text gehen wird.

b) À la cantine, aujourd'hui,
c'est steak et brocolis.
☐ vrai    ☒ faux

c) Donner son zéro-six, c'est donner son numéro de
portable.
☒ vrai    ☐ faux

d) Après la cantine, les filles vont visiter l'infirmerie.
☐ vrai    ☒ faux

**2. Lis la scène 2 et vérifie tes réponses à l'activité 1.**

**3. Écoute et lis la scène, puis joue la scène avec
un/e partenaire.**

**4. Réponds aux questions sur le collège en France.**
a) Quand est-ce que les élèves vont en salle de
permanence ?
b) Comment est-ce qu'on appelle « ein Test » en
français ?
c) Quel est l'autre mot pour un « pion » ?

## Scène 3 : L'atelier journalisme

**1. Écoute la scène et complète le résumé.**

Violette montre le _collage_

à Lily. Elles arrivent dans la salle

d' _informatique_ . Le mardi, il y

a l'atelier journalisme. Pour le journal, Mattéo fait des

dessins, Jamil écrit des articles et Enzo prend des

_foto_ . Enzo

arrive. Il a une _casquette_ noire.

Violette éternue (*niest*) parce

qu'Enzo a des _chat_

à la maison. C'est un problème

car Violette est allergique. La semaine prochaine,

les copains vont faire des _muffins_

ensemble.

**2. Lis la scène 3 et vérifie tes réponses à l'activité 1.**

## En plus

a) Est-ce qu'il y a un atelier journalisme dans ton collège ?
b) Comment s'appelle le journal de ton collège ?

## Scène 4 : On prépare des gâteaux.

**1. Écoute la scène et coche.**

a) Les quatre copains sont
☒ chez Mattéo.
☐ chez Jamil.
☐ chez Lily.

b) Filou est
☐ un chat.
☒ un furet.
☐ un chien.

c) Lily a fait des cadeaux
☒ pour dire merci.
☐ pour dire au revoir.
☐ pour dire bonjour.

d) Sur son portable, Jamil montre
☒ une photo.
☐ un muffin.
☐ un message.

**2. Écoute et lis la scène 4. Vérifie tes réponses à l'activité 1.**

## En plus

a) Imagine : Qu'est-ce qu'on voit sur la photo ?
b) Benjamin voit la photo : à ton avis, comment est-ce qu'il va réagir ?

## Scène 5 : La photo

 **1. Écoute la scène 5 deux fois. Prends des notes sur une feuille et réponds aux questions :**

a) Qui parle ?
b) Quand ?
c) Où sont les personnages ?
d) Que font les personnages ?

**2. Quel est le bon résumé de la scène ?**

a) On est mardi. La journée commence bien. La prof d'EPS n'est pas là. Les élèves vont au CDI. Benjamin est là. Il rigole quand il regarde le portable de Jamil.

b) Cool ! Le prof de SVT n'est pas là. En salle de perm, les élèves font leurs devoirs, puis regardent la photo de Benjamin. Mais Benjamin arrive, prend le portable de Mattéo, regarde la photo et, ouf, il rigole.

c) Mercredi, la prof d'EPS n'est pas là. Les élèves vont en salle de perm. Benjamin est là. Quand il regarde la photo sur le portable de Jamil, il est un peu triste.

## En plus

a) Comment est-ce que tu trouves la photo de
Benjamin ? Trop cool, marrante, nulle, … ?
b) Et toi ? Tu aimes faire des photos ? Si oui, cu'est-ce
que tu prends en photo ?

## Scène 6 : Trop bons !

**1. Écoute et regarde les images.**

**2. Raconte la scène 6. Voici des questions pour
t'aider.**

a) Quels personnages est-ce qu'on vcit ?

b) Où sont les personnages ?

c) Qu'est-ce qu'ils font ?

## En plus

Imagine un dialogue pour la première image de la
scène 6. Joue ce dialogue avec un/e ou des partenaires.

## Scène 7 : Où est l'argent du ski ?

 **Écoute** et **lis** la scène. **Écris les phrases dans le bon ordre.** *(Ordne die Sätze.)*

a) Ils ont vendu les quarante-huit muffins.
b) Après la récréation, les quatre copains sont contents.
c) Après le cours de SVT, les copains vont dans la cour.
d) Maintenant, ils vont en SVT.
e) Zut ! Il y a une interrogation surprise.
f) C'est peut-être le voleur ?
g) Pendant l'interro, M. Bertrand compte l'argent de la caisse.
h) Les copains font une enquête.
i) Il manque quarante euros !
j) Benjamin emmène Enzo.

## En plus

a) À ton avis, est-ce qu'Enzo est le voleur ?
b) Benjamin emmène Enzo. Imagine le dialogue entre les deux et joue-le avec un/e partenaire.

## Scène 8 : En mission

**1. Écoute la scène. Complète les phrases.**

a) Violette est devant le collège, Enzo est _la_ , _a_

_dix_ _mètres_ .

b) Enzo a l'air _très tri ste_ .

c) Ses parents vont _être en colère_ .

d) Enzo _march_ dans _la rue_

du Caillou gris, puis il _tourne à droi-_

_te_ dans la rue Alfred de Musset.

e) Ensuite, il _treverse_ la rue et il tourne _à_

_goache_ dans la rue Alphonse Daudet.

f) Après, il arrive dans la rue de la Tour et il _entre_

dans un immeuble.

**2. Lis la scène et vérifie tes réponses à l'activité 1.**

## En plus

a) Dessine le chemin d'Enzo.
b) Qui sont Alfred de Musset et Alphonse Daudet ?
   Fais des recherches sur Internet et écris une courte
   biographie de l'un de ces célèbres écrivains français.

# Scène 9 : Sur les réseaux sociaux

 1. **Écoute et lis la scène.**

2. **Comment est-ce que tu trouves les messages des jeunes de 5eB ? Pourquoi ?**

Ils sont
☒ amusants   ☐ méchants   ☐ gentils parce que…

3. **Petit quiz sur le langage SMS français. Relie les expressions qui vont ensemble.**

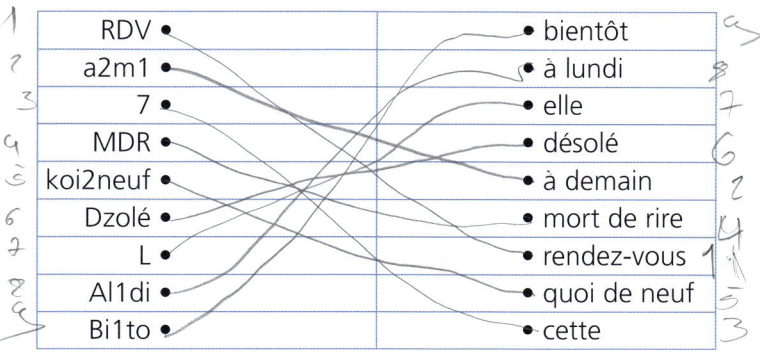

| | |
|---|---|
| RDV | bientôt |
| a2m1 | à lundi |
| 7 | elle |
| MDR | désolé |
| koi2neuf | à demain |
| Dzolé | mort de rire |
| L | rendez-vous |
| Al1di | quoi de neuf |
| Bi1to | cette |

## En plus

Écris les messages des jeunes de 5eB en langage standard.

# Scène 10 : La catastrophe !

**Écoute et lis la scène. Complète les phrases (*Verbinde die passenden Satzteile*) et écris-les dans ton cahier.**

| | |
|---|---|
| a) Jeudi, l'ambiance est | • il va en ville. |
| b) Aujourd'hui, Lily va | • puis Lily. |
| c) Le garçon ne rentre pas chez lui, | • un magasin de vêtements de sport. |
| d) Enzo arrive devant | • à Lily. |
| e) Enzo entre, | • un peu bizarre dans la classe de 5eB. |
| f) Le vendeur parle | • suivre Enzo. |
| g) Tout à coup, Enzo | • mais elle ne trouve pas les mots. |
| h) Lily cherche à expliquer, | • arrive vers Lily. |

## En plus

Le soir, Enzo téléphone à un copain et raconte la scène. Imagine le dialogue.

## Scène 11 : Fausse route

**1.** Écoute la scène deux fois. Tu as une minute pour trouver les mots en bleu.

Lily, Violette, Jamil et Mattéo font une ENTEQUE.
Ils cherchent les QUATERAN euros du ski.
Est-ce qu'Enzo est le LEURVO ?
Enzo explique : Hier, il a acheté un PANLONTA de ski avec son argent de CHEPO. Il aide son père dans son GAGERA. Mais il n'a pas volé l'argent du ski.

**2.** Lis la scène et vérifie tes réponses à l'activité 1.

## Scène 12 : Sur la bonne piste

**1.** Écoute et lis la scène. Qui a volé les quarante euros ? Es-tu choqué(e) ? Explique pourquoi.

**2.** Lily, Jamil, Violette et Mattéo rencontrent M. Bertrand. Imagine le dialogue entre M. Bertrand et les quatre jeunes. Joue ensuite ce dialogue avec des partenaires.

# Après la lecture

1. **Est-ce que tu as aimé lire et écouter cette histoire ? Explique pourquoi.**

2. **Quel(s) personnage(s) as-tu préféré(s) ? Explique pourquoi.**

3. **Imagine au choix :**
   - l'idée de Lily à la fin du chapitre 12.
   - une version différente du chapitre 12.
   - le stage de ski de la 5$^e$B.

# Liste des abréviations

| | |
|---|---|
| etw | etwas |
| *fam* | familier |
| jdm | jemandem |
| jdn | jemanden |
| qc | quelque chose |
| qn | quelqu'un |